여왕의 그림자

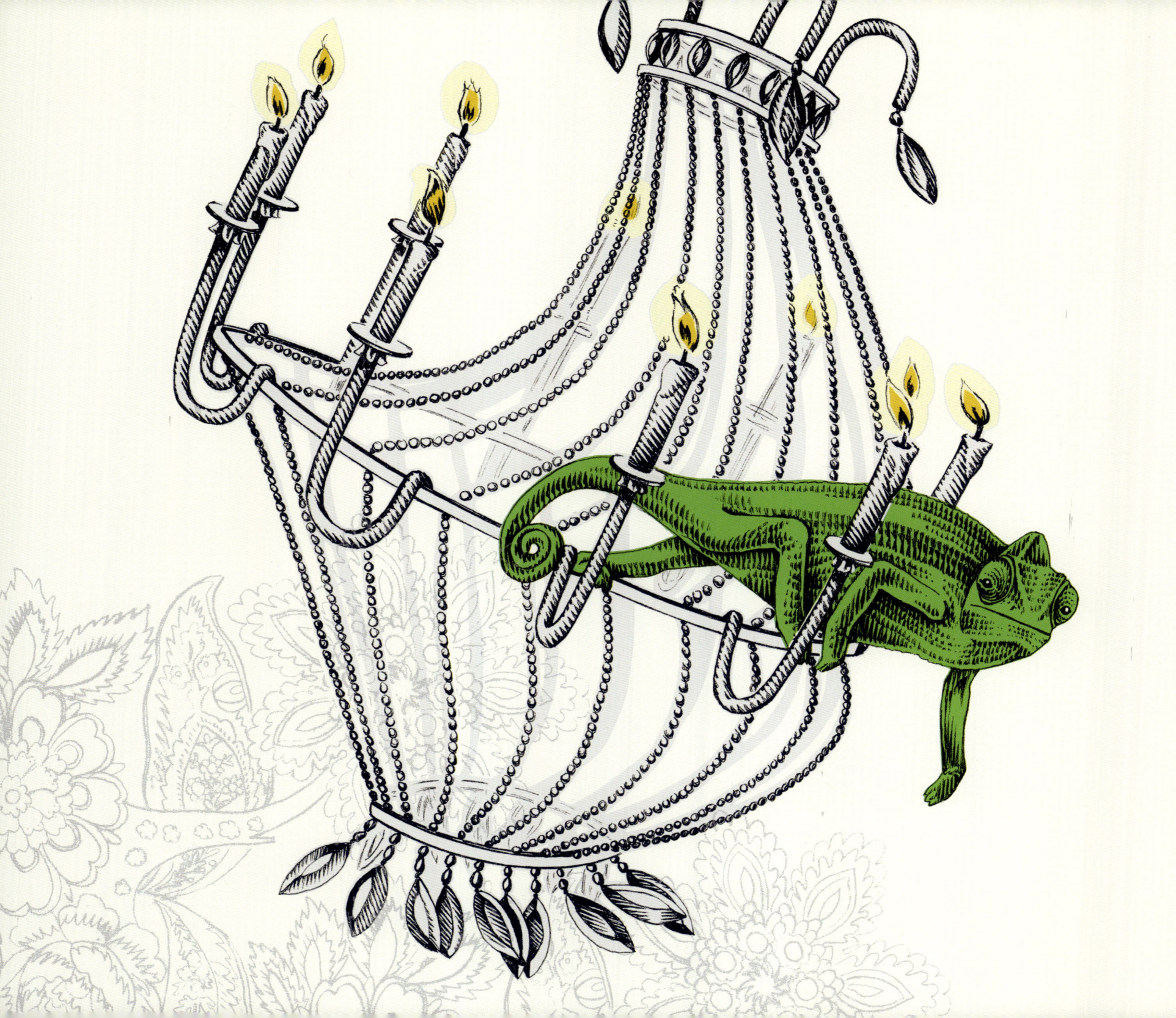

여왕의 그림자

동물들의 눈에는 세상이 어떻게 보일까?

글·그림 시벨레 영 | 옮김 김은령

와이즈만 BOOKs

글·그림 시벨레 영

세계적으로 유명한 예술가 시벨레 영은 캐나다 총독문학상을 받은 《새 열 마리(Ten Birds)》와
그 뒷이야기로 만든 《새 열 마리가 괴물을 만나요(Ten Birds Meet a Monster)》 등 여러 권의 어린이책을 쓰고 그린
작가이기도 해요. 《여왕의 그림자》는 시벨레 영의 첫 번째 논픽션 그림책으로, 작가의 예리한 시선과 섬세한 표현력을
다시 한번 보여 줍니다. 시벨레 영은 현재 캐나다의 온타리오주 토론토에서 남편과 두 아이와 함께 살고 있어요.

옮김 김은령

고려대학교에서 심리학과 국어국문학을 공부하고, 어린이를 위한 책을 번역하고 있어요.
옮긴 책으로 《지니어스! 세상을 발칵 뒤집은 천재 발명가들 이야기》 《공룡이랑 살면 얼마나 좋을까!》
《살아 있는 미술사 박물관》 《유레카!》 《토끼 인형 배빗 구하기》 《부엌 화학》 《안녕, 라이카》 《아인슈타인 프로젝트》
《달콤하고 살벌한 음식의 역사》 등이 있어요.

THE QUEEN'S SHADOW: A Story About How Animals See
Text and Illustrations ⓒ 2015 Cybèle Young

Published by permission of Kids Can Press Ltd., Toronto, Ontario, Canada.
All rights reserved. No part of this publication may be reproduced, stored
in retrieval system, or transmitted in any form or by any means, electronic,
mechanical photocopying, sound recording, or otherwise,
without the prior written permission of Weizmann Books.

Korean Translation Copyright ⓒ 2017 by Weizmann Books
Korean edition is published by arrangement with Kids Can Press Ltd.
through Imprima Korea Agency.

이 책의 한국어판 저작권은 Imprima Korea Agency를 통해
Kids Can Press Ltd.와의 독점 계약으로 와이즈만북스에 있습니다.
저작권법에 의해 한국 내에서 보호를 받는 저작물이므로
무단 전재와 무단 복제를 금합니다.

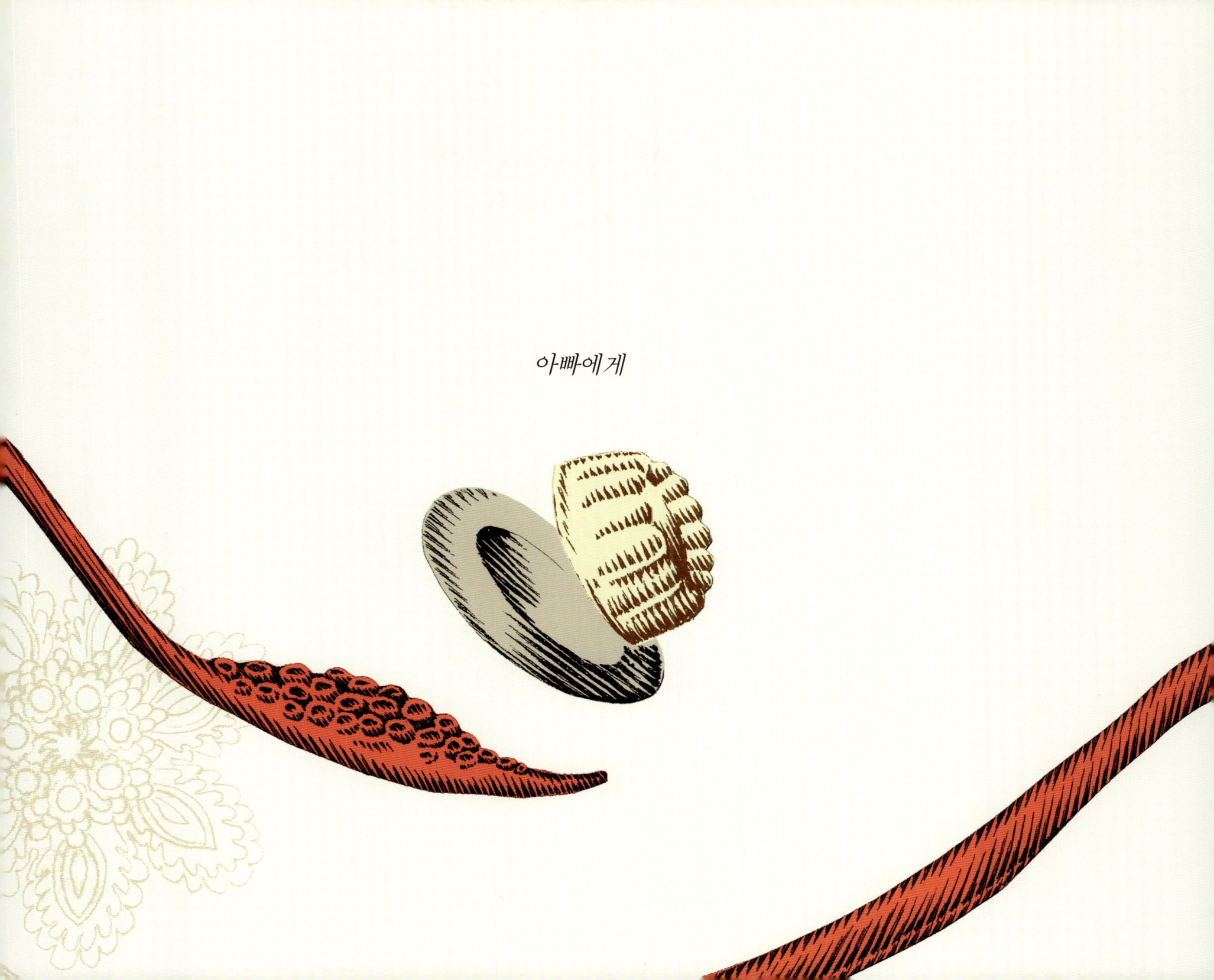
아빠에게

늘 그렇듯 여왕의 왕궁에서 호화로운 연회가 열렸어요.
　왕국에서 난다 긴다 하는 쟁쟁한 귀족들이 한자리에 모여 온갖 음식을 먹고 마시며 한창 흥이 올랐어요.

갑자기 **번쩍** 번갯불이 일고 연회장 안이 환해지더니, **우르릉 쾅쾅** 천둥이 쳤어요.

그리고 나서 온통 **깜깜**해졌어요.

잠시 뒤, 불이 다시 켜지자 곧바로 소름 끼치는 비명 소리가 터져 나왔어요.

꺄아아아아아아악!

"누가 내 그림자를 훔쳐 갔어!"

여왕이 소리를 질러 댔어요.

모두가 우왕좌왕, 난리가 났어요. 누군지 몰라도 엄청난 짓을 저질렀지 뭐예요! 이 어수선하고 뒤숭숭한 분위기를 누군가 바로잡아야만 했지요.

"그 자리에 그대로 있어요! 모두 꼼짝 말고 가만있어요!"
누군가 카랑카랑한 목소리로 똑 부러지게 말했어요.
바로 왕실 수사관 갯가재였어요.
갯가재는 방 안을 쭉 훑어보더니, 단 몇 초 만에 고개를 끄덕였어요.

"아하! 그럼 그렇지!"

갯가재는 마른풀 더미에서 바늘도 찾아낼 만큼 시력이 아주 좋아요. 두 눈 모두 사물을 세 가지 각도로 볼 수 있어, 한층 입체적으로 파악할 수 있어요. 눈에는 열여섯 개의 광수용체*가 있는데, 그중 열두 개는 사람이 보지 못하는 색깔*을 볼 수 있어요. 게다가 편광*을 보는 뛰어난 능력 덕분에 감쪽같이 위장한 먹잇감도 쉽게 찾아내요.

"이런 짓을 벌인 건 바로 카멜레온 경입니다!
누가 카멜레온 아니랄까 봐 주변 색깔에 맞추어 감쪽같이 몸을 숨겼어요.
그러고는 바로 저기서, 혀를 날름 내밀어 그림자를 홱 낚아채서
한입에 꿀꺽 삼킨 겁니다!"
갯가재는 자기 말이 앞뒤가 딱딱 들어맞는다는 생각에 무척 흐뭇했어요.
"끔찍하기도 해라! 어찌 그런 짓을 저질렀느냐, 카멜레온 경!"
여왕이 호통을 쳤어요.

깜짝 놀란 카멜레온 경이 바들바들 떨면서 입을 열었어요.
"애당초 말이 안 돼요! 저는 두 눈의 초점을 동시에 하나의 목표에
맞추어야 제대로 겨냥할 수 있다고요."
카멜레온 경은 말을 이었어요.
"새우 경, 번갯불이 번쩍일 때, 저는 또 뭘 먹을까 하고 두 눈을
따로따로 굴리고 있었어요. 마침 한쪽 눈에는 파리를 잡는
잠자리가 보였고, 또 한쪽 눈에는 분홍색 식탁보 자락이 보였지요.
그런데 식탁보 자락을 헤치고 상어 대장의 꼬리지느러미가
쑥 들어가는 거예요. 제가 똑똑히 봤어요. 그 자리는 바로……
여왕님의 발밑이었어요!"

카멜레온의 눈은 동시에 서로 다른 방향을 볼 수 있어요. 하지만 양쪽 눈을 따로따로 움직일 때는 깊이 지각*이 잘 안 돼요. 거리를 가늠하기 어렵다는 말이지요. 두 눈의 초점을 하나로 모아야만 입체적으로 볼 수 있고, 사냥감을 겨냥해 혀를 뻗어 낚아챌 수 있어요.

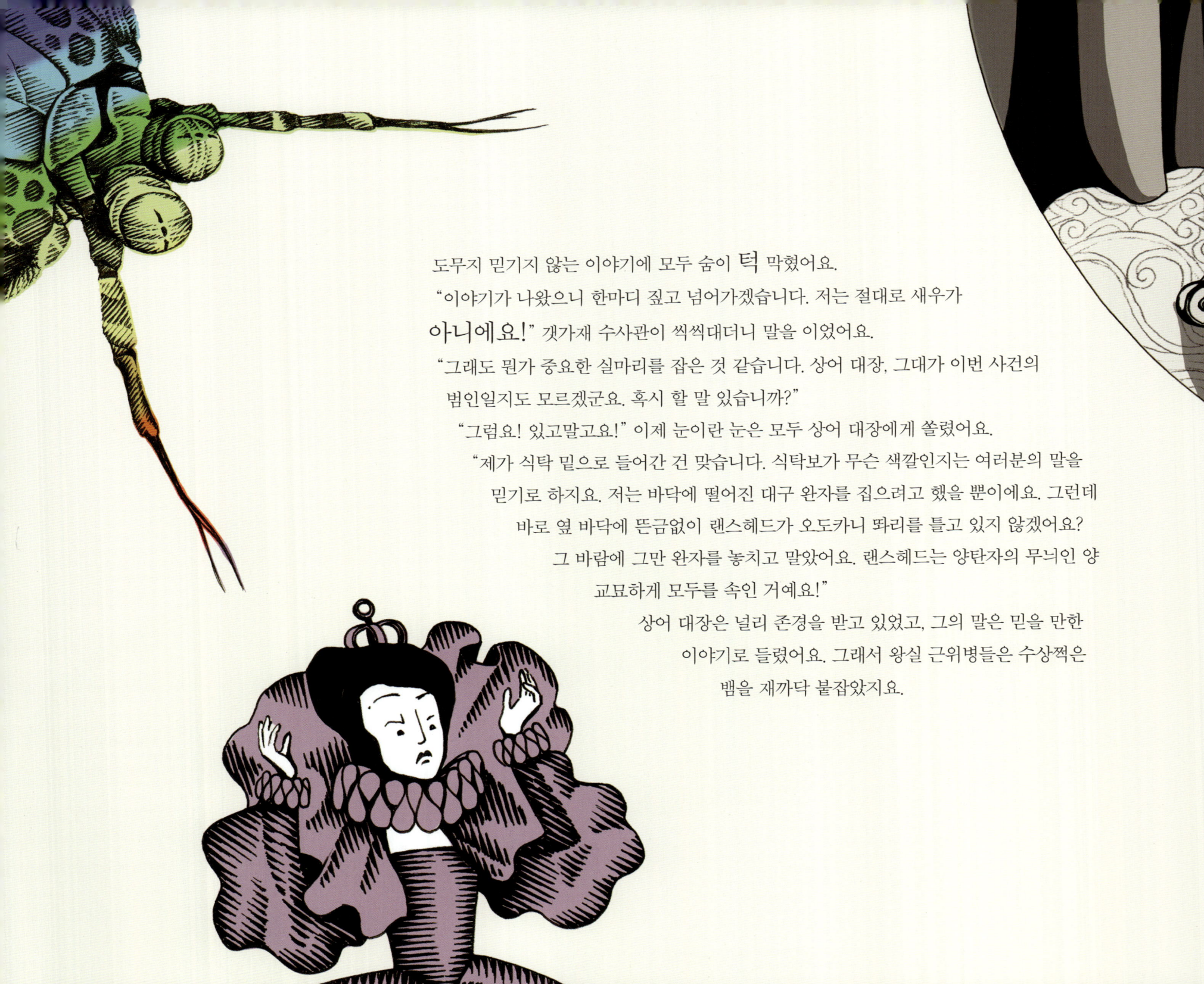

도무지 믿기지 않는 이야기에 모두 숨이 턱 막혔어요.
"이야기가 나왔으니 한마디 짚고 넘어가겠습니다. 저는 절대로 새우가 아니에요!" 갯가재 수사관이 씩씩대더니 말을 이었어요.
"그래도 뭔가 중요한 실마리를 잡은 것 같습니다. 상어 대장, 그대가 이번 사건의 범인일지도 모르겠군요. 혹시 할 말 있습니까?"
"그럼요! 있고말고요!" 이제 눈이란 눈은 모두 상어 대장에게 쏠렸어요.
"제가 식탁 밑으로 들어간 건 맞습니다. 식탁보가 무슨 색깔인지는 여러분의 말을 믿기로 하지요. 저는 바닥에 떨어진 대구 완자를 집으려고 했을 뿐이에요. 그런데 바로 옆 바닥에 뜬금없이 랜스헤드가 오도카니 똬리를 틀고 있지 않겠어요? 그 바람에 그만 완자를 놓치고 말았어요. 랜스헤드는 양탄자의 무늬인 양 교묘하게 모두를 속인 거예요!"
상어 대장은 널리 존경을 받고 있었고, 그의 말은 믿을 만한 이야기로 들렸어요. 그래서 왕실 근위병들은 수상쩍은 뱀을 재까닥 붙잡았지요.

상어는 색깔을 잘 볼 수 없지만, 밝음과 어두움은 또렷이 구별해요. 상어의 눈은 망막 뒤에 거울과 같은 반사막이 있어서 빛을 더 많이 흡수할 수 있어요. 덕분에 흐릿한 물속에서도 밝고 어두운 무늬를 볼 수 있지요.

"능글능글 능구렁이 뱀!" 여왕이 소리쳤어요.
랜스헤드는 얼떨떨한 얼굴로 입을 열었어요.
"저는 여왕님 뒤에 숨어 있었어요. 퉁탕퉁탕 내달리는 염소 발에 채일까 봐 겁이 났거든요! 염소는 점잖게 걷는 법 좀 배워야 해요. 아무튼 염소는 여왕님 옆으로 다가오고 있었어요. 불이 꺼졌을 때, 염소는 더 바짝 다가왔어요. 제가 똑똑히 봤어요. 염소는 바로 앞에 있는 여왕님을 잔뜩 노려보고 있었다고요."
왕실 근위병들은 무시무시한 독사의 말을 곧이곧대로 믿는 게 좋을 성싶었어요. 랜스헤드를 보니 그림자를 딱히 숨길 데도 없어 보였어요. 아무래도 랜스헤드가 진실을 말하고 있는 게 틀림없었어요. 갯가재가 입을 열었어요.
"그렇다면 범인은 바로 팬케이크 염소 백작인 것 같군요."

랜스헤드는 살무사예요. 양쪽 눈과 콧구멍 사이에 열에 민감한 한 쌍의 구멍 기관이 있어요. 이 열 감지기로 어둠 속에서 따뜻한 몸이 뿜어내는 적외선*을 볼 수 있지요. 덕분에 살무사는 한밤중에도 먹이 사냥을 할 수 있어요. 심지어 눈을 가려도 체온이 있는 먹잇감을 콕 집어 공격할 수 있고, 뜨거운 사막에서 쉼터가 될 만한 서늘한 구덩이를 찾을 수 있어요.

"씹고 또 씹는 되새김질 동물!"
여왕이 소리쳤어요.
겁에 질린 염소는 발발 떨면서 비척비척 걸어 나왔어요.
"저, 저는 바로 앞에 있는 여왕님을 보지 못했어요.
그 자리는 제 눈에 보이지 않는 사각지대인걸요.
제가 여기저기 막 돌아다닌 이유는 따로 있어요. 잠자리가
자꾸만 들러붙어서 윙윙거리는 바람에 머리가 핑글핑글
돌 지경이었어요! 빠르기는 또 얼마나 빠른지, 눈 깜짝할
사이에 도둑질을 할 만한 놈이 잠자리 말고 누가 있겠어요?"

염소는 눈동자가 가로로 길쭉한 네모꼴이에요. 마치 파노라마 카메라 렌즈로 보는 것처럼 주변부를 보는 시력이 매우 좋지요. 염소는 다른 동물에게 잡아먹히는 피식자* 동물로서 포식자*가 나타나는지 늘 살펴야만 해요. 하지만 눈과 눈 사이가 워낙 멀어서 바로 앞이나 바로 뒤는 잘 못 봐요. 시야에서 벗어난 사각지대지요.

"뻔뻔한 절지동물이 범인이구나!"

가뜩이나 곤충이라면 질색인 여왕이 다짜고짜 호통을 쳤어요.

왕실 수사관 갯가재가 잠자리에게 질문을 막 던지려는 찰나 잠자리가 대뜸 입을 열었어요.

"제가 염소를 자나 깨나 따라다니는 이유는 딱 하나죠. 염소 주변엔 늘 파리가 들끓고 있거든요. 저야 맛난 음식을 납죽납죽 거저먹으니 얼마나 좋아요! 그렇게 힘 하나 안 들이고 식사를 하면서 온 사방을 두루 살펴볼 수 있었지요. 그런데 저녁 내내 눈에 띄는 점이 있었어요. 남극하트지느러미오징어가 방 구석구석까지 슬금슬금 팔을 뻗치고 있지 뭐예요!"

갯가재는 부글부글 부아가 치밀었어요. 묻기도 전에 나불나불 지껄이는 잠자리가 괘씸하기 짝이 없었지요.

만일 잠자리가 **요리조리 잽싸게** 날아다니는 뛰어난 비행사가 아니었다면, 이 열 받은 수사관에게 찰싹 한 대 얻어맞았을 거예요. 어쨌거나 잠자리는 덩치가 워낙 작아서 여왕님의 그림자를 훔치기엔 무리였어요. 왕실 수사관은 찻잔이 달그락거리는 쪽으로 눈길을 돌렸어요.

잠자리는 자유자재로 날렵하게 날아다니는 최고의 비행사예요. 마치 헬멧처럼 머리의 대부분을 뒤덮을 만큼 커다란 겹눈*이 있어요. 밝은 곳에서, 잠자리는 온 사방을 한눈에 내려다볼 수 있어요. 더없이 중요한 감각인 시각 덕분에 하루에 곤충을 600마리까지 잡아먹고, 포식자인 새를 피할 수 있어요.

"여왕 폐하, 이 날개 달린 얌체가 보기는 제대로 보는 것 같습니다." 갯가재가 여왕에게 말을 건넸어요.

"흐느적흐느적 징그러운 연체동물!"

여왕이 소리쳤어요.

남극하트지느러미오징어가 냉큼 입을 열었어요.

"제가 손버릇이 나쁘다고 의심할지 몰라도, 저는 그저 이 손 저 손으로 주전부리를 집어 오기 바빴어요. 상어 대장한테 한번 물어보세요. 저는 여기저기 식탁에 놓인 간식을 한꺼번에 싹쓸이해서 먹지 못해요."

남극하트지느러미오징어가 말을 이었어요.

"다들 알다시피 저는 동물의 왕국에서 눈이 가장 큽니다. 제가 들고 있는 이 접시만 해요. 눈이 하도 크다 보니까 어둠 속에서도 아주 멀리까지 볼 수 있지요. 아까 불이 꺼졌을 때는, 저만치서 비둘기 박사가 여왕님 머리 위로 후다닥 날아오르는 모습까지 본걸요."

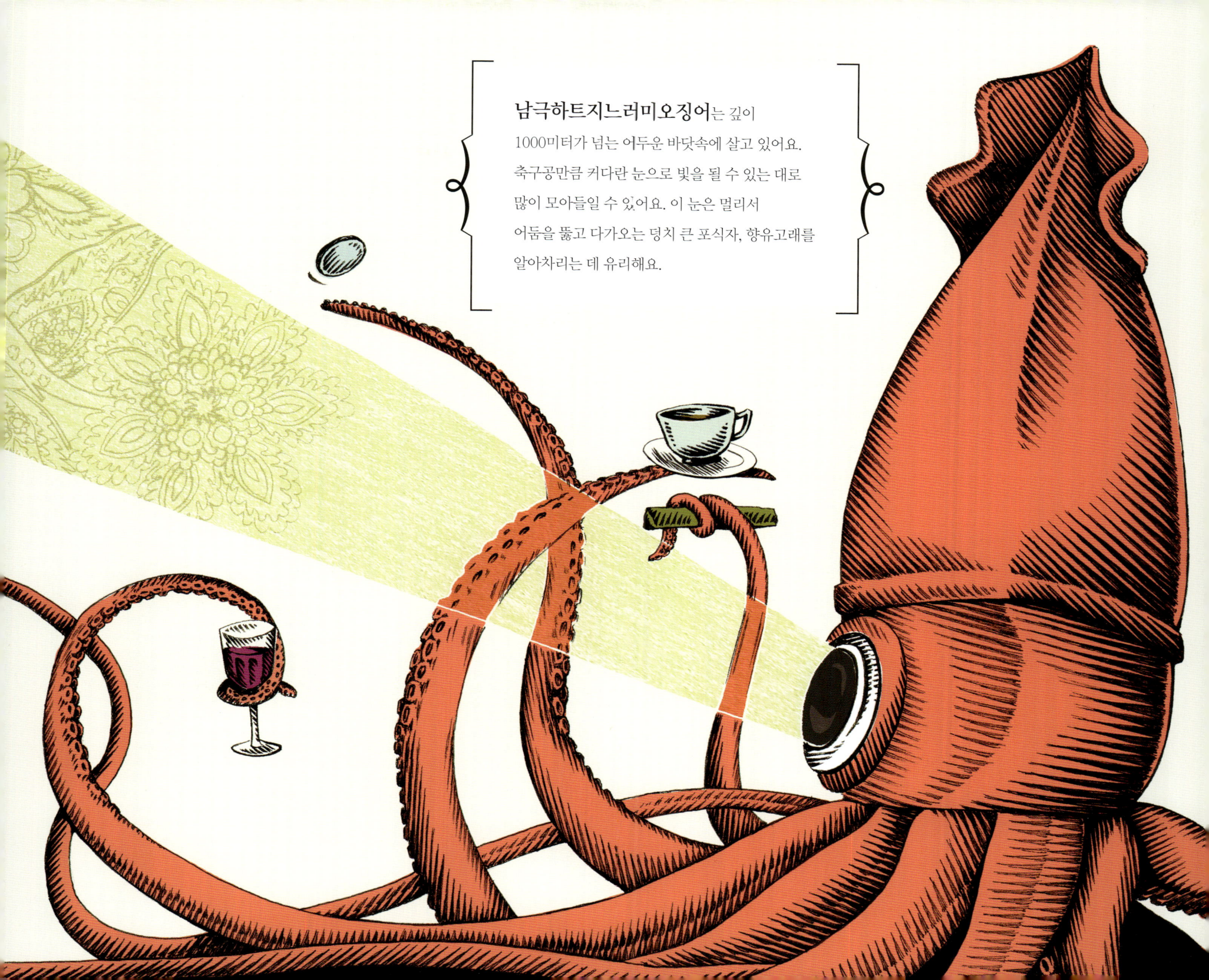

남극하트지느러미오징어는 깊이 1000미터가 넘는 어두운 바닷속에 살고 있어요. 축구공만큼 커다란 눈으로 빛을 될 수 있는 대로 많이 모아들일 수 있어요. 이 눈은 멀리서 어둠을 뚫고 다가오는 덩치 큰 포식자, 향유고래를 알아차리는 데 유리해요.

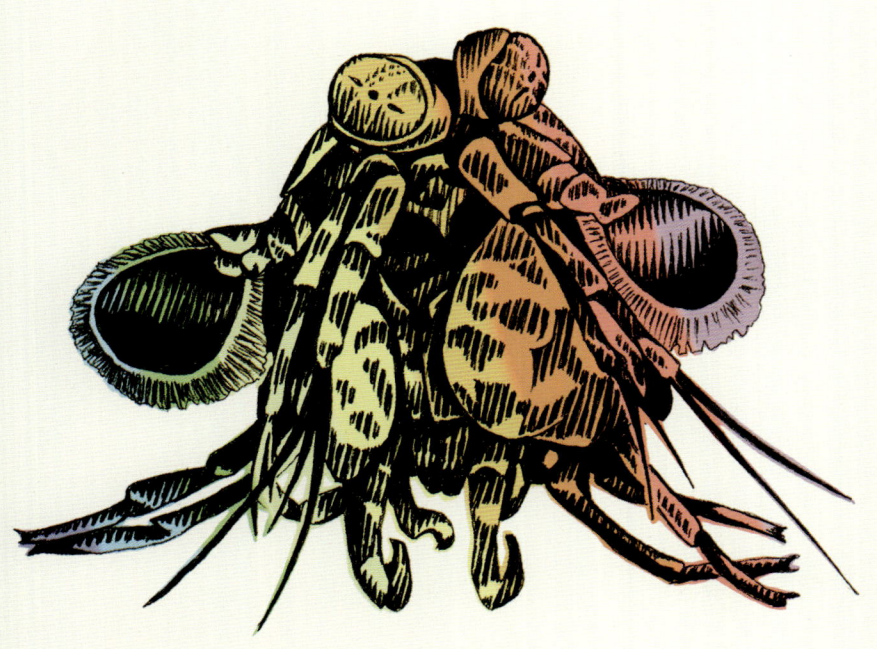

　왕실 수사관은 꼬리에 꼬리를 무는 수사에 지칠 대로 지쳤어요. 그래서 깃털 달린 비둘기 박사에게 할 말 있으면 해 보라는 몸짓만 해 보였지요.
　"제가 후다닥 날아오른 건 맞아요. 엉겁결에 더 높은 데로 날아올랐지요. 포식자를 피할 만한 안전지대를 찾아야 하니까요. 어둠이 내릴 때면 늘 하던 일이에요. 제가 밤눈이 어둡거든요." 비둘기 수학 박사가 말을 이었어요.
　"평상시에 저는 중요한 정보를 처리하기 바빠서 딱히 그림자를 눈여겨보진 않아요. 하지만 퍼즐 맞추기는 꽤나 즐기는 편이랍니다. 논리적으로 계산해 보면, 아무래도 저 바닥에 초점을 맞춰야 할 것 같군요. 제가 기억하기로는 정확히 저녁 7시 42분, 7시 56분, 8시 4분, 그리고 불이 꺼지기 전에 번갯불이 번쩍인 시각, 8시 11분에 그림자가 드리운 곳에서 뭔가 알짱알짱 움직이는 걸 보았어요. 그리고 지금 8시 37분에……, 그게 또 눈에 들어오네요!
로마노프! 이카이노! 이리 나오렴!"

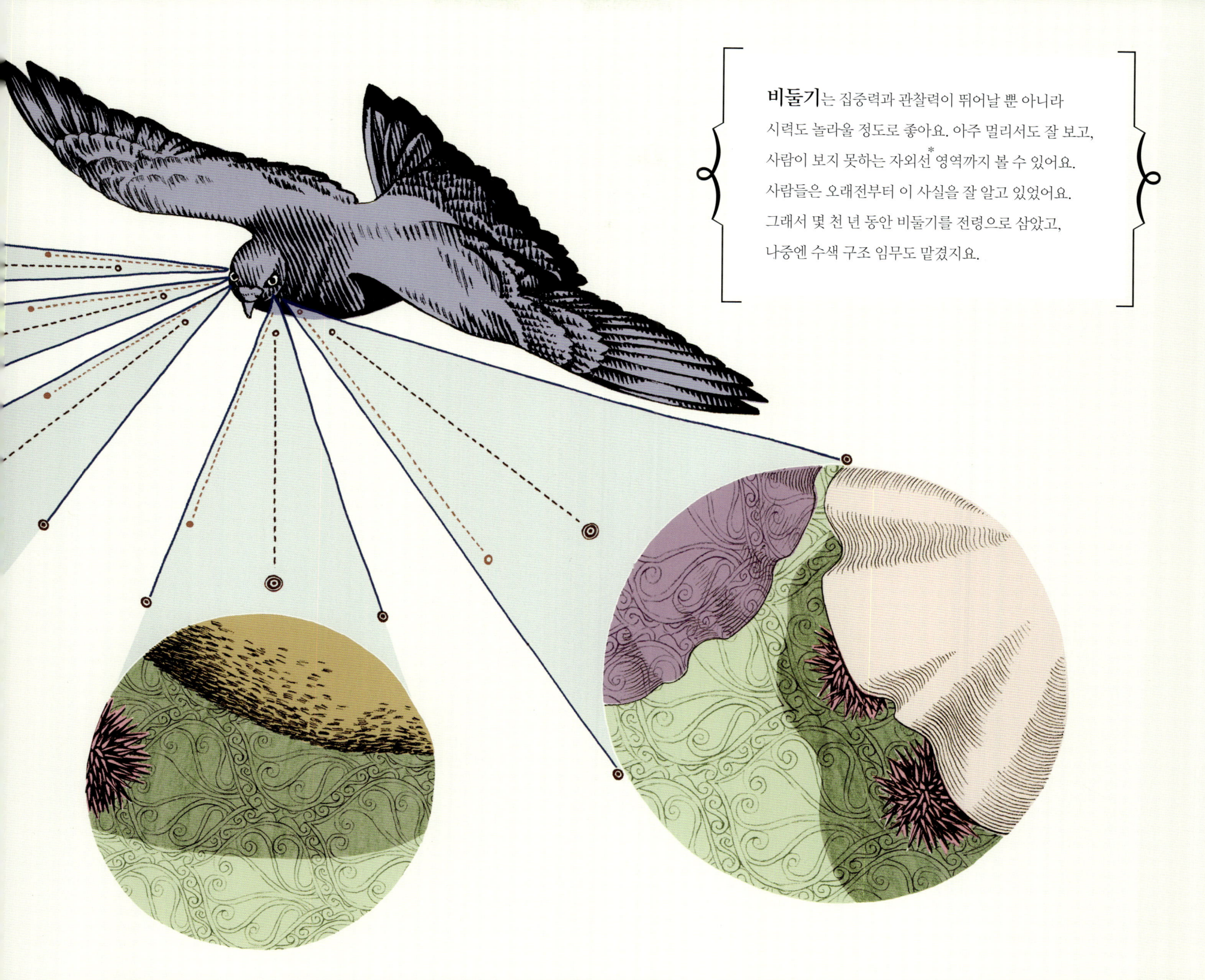

비둘기는 집중력과 관찰력이 뛰어날 뿐 아니라 시력도 놀라울 정도로 좋아요. 아주 멀리서도 잘 보고, 사람이 보지 못하는 자외선* 영역까지 볼 수 있어요. 사람들은 오래전부터 이 사실을 잘 알고 있었어요. 그래서 몇 천 년 동안 비둘기를 전령으로 삼았고, 나중엔 수색 구조 임무도 맡겼지요.

꼬마 성게 둘이 식탁 밑에서 데구루루 굴러 나왔어요. 갯가재는 몸을 낮추고 부드러운 말투로 자분자분 말을 건넸어요.
"얘들아, 혹시 여왕님의 그림자가 어디에 있는지 알고 있니?"
"우린 밤새 그림자랑 숨바꼭질을 했어요. 그런데 한 시간쯤 전에 여왕님이 화장실에 다녀오고 나서는 얼씬도 하지 않았어요. 여왕님은 화장실에 다녀온 뒤부터 쭈욱 그림자가 없었거든요!"
꼬마 성게들은 까르륵까르륵 자지러지게 웃다가 가까스로 말을 이었어요.
"여왕님이 그림자를 두고 왔어요. 바로……

화장실에!"

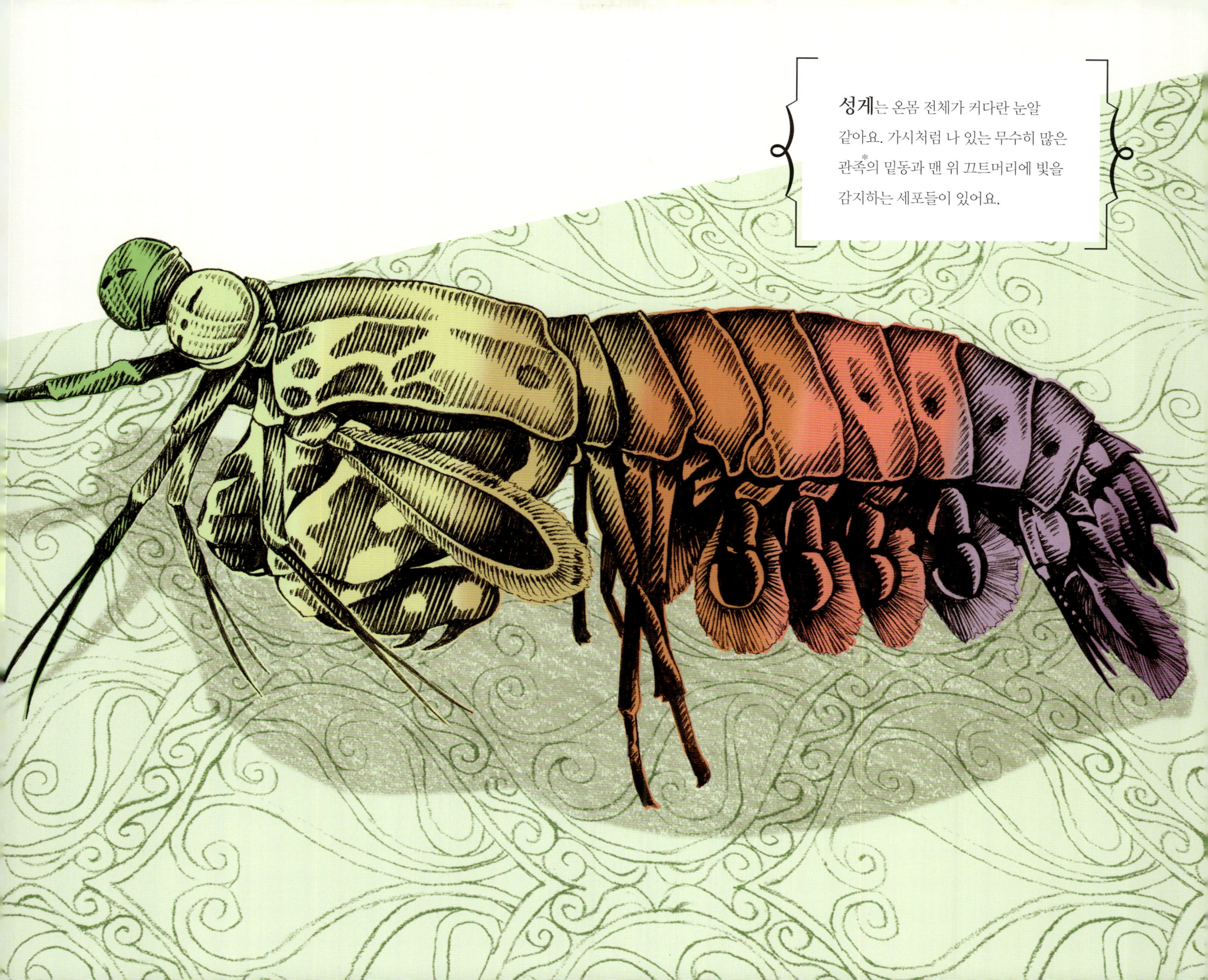

{ **성게**는 온몸 전체가 커다란 눈알 같아요. 가시처럼 나 있는 무수히 많은 관족*의 밑둥과 맨 위 끄트머리에 빛을 감지하는 세포들이 있어요. }

모두가 놀라고 기가 막혀서 할 말을 잃었어요.
분홍색이던 여왕의 얼굴은 진홍빛으로 점점
더 붉어졌어요. 붉다 못해 급기야 사람보다 더 많은
색을 보는 동물들만 알아차리는 빛깔을 띠었지요.

왕실 근위병들은 여자 화장실에 널브러져 있는 여왕의 그림자를 부랴부랴 챙겨 왔어요. 여왕은 꿀 먹은 벙어리처럼 말없이 호위를 받으며 연회장을 나갔어요.

갯가재 수사관은 손님들에게 작별을 알리는 말을 꺼냈어요.

"이 자리를 빌려 한 말씀 드리겠습니다. 오늘 밤 이곳에서 여러분은 아주 다양한 시각을 보여 주었어요. 그런 만큼 지금까지 어떤 일이 벌어졌는지도 모두 잘 보았으리라 믿습니다. 제가 처음부터 끝까지 꼼꼼하게 수사를 벌여 이 불가사의한 범죄 사건의 수수께끼를 풀었다는 것 말이지요. 여왕님의 체면이 깎일까 봐 시시콜콜한 이야기는 입 밖에 내지 않기로 하겠습니다."

손님들은 안내를 받으며 왕궁을 빠져나왔어요. 모두가 곰곰 생각에 잠겨 있었지요. 그러다가 왕궁 문을 지나고 나서야 불현듯 저마다 뭔가를 두고 왔다는 걸 알아차렸어요.

그렇다고 실망할 일은 아니었어요. 어두운 그림자를 떼어 놓고 온 손님들은 이미 새로운 빛에 눈을 떴으니까요. 너도나도 새로운 눈으로 세상을 바라볼 수 있다는 사실에 마음이 환해졌지요.

우리는 어떻게 세상을 볼까요?

이 이야기에는 과학 연구를 바탕으로 한 시각 정보가 담겨 있지만, 여러 동물들이 실제로 어떻게 세상을 보는지는 추측만 할 뿐이에요. 하지만 사람들이 어떻게 보는지는 확실히 알려져 있지요.
여왕에게 반사된 빛이 뇌로 들어가는 길을 따라가 보세요. 눈에 비친 모습을 뇌가 해석하기까지 놀라운 과정을 거친다는 사실을 알게 될 거예요.

❶ 각막
눈의 바깥층을 이루는 각막은 '유리창'과 같이 투명한 보호막이에요. 각막의 둥그런 면이 넓은 시야에서 빛을 모아들여요.

❷ 홍채와 눈동자
홍채는 고리 모양의 작은 근육으로, 눈에 들어오는 빛의 양을 조절해요. 눈동자를 크게 하거나 작게 해서 우리 눈에 알맞은 양의 빛이 들어오게 하지요. 보통 우리가 말하는 눈의 색깔은 홍채의 색이에요. 사실 눈동자는 홍채 한가운데에 뚫린 구멍이라서 색깔을 띠지 않아요.

❸ 수정체
수정체는 티 없이 맑고, 말랑말랑해요. 수정체를 둘러싼 근육이 수정체의 두께를 조절해서 가깝거나 먼 물체에 초점을 맞출 수 있어요. 우리 눈의 각막과 수정체는 마치 마법처럼 빛을 꺾어서 망막에 작고 또렷한 상을 맺게 해요. 이때 망막에 맺힌 상은 거꾸로 뒤집힌 모습이에요. (예를 들자면, 여왕의 모습을 보세요.)

❺ 망막
망막은 시각 세포(광수용체)가 모여 있는 얇은 막이에요. 뇌와 연결된 시각 세포는 크게 두 종류가 있어요. 약 1억 개의 막대 모양 간상세포와 700만 개의 원추 세포예요. 간상세포는 원추 세포보다

❹ 수양액과 유리체
눈 안에는 각막과 수정체 사이를 채우고 있는 수양액(물 같은 액체), 수정체와 망막 사이를 채우고 있는 유리체(젤리 같은 덩어리)가 있어요. 이 두 물질은 눈의 모양을 유지하고 눈 안의 모든 부분들을 보호해요. 혈관이 없는 수정체와 각막에 영양을 공급하는 일도 하지요.

약 100배는 더 빛에 민감하지만, 색깔을 보는 것은 원추 세포예요. 빛이 원추 세포에 닿으면, 원추 세포는 빛 자극을 뇌가 알아들을 수 있는 '언어'인 화학·전기 신호로 바꾸어 뇌로 전달해요.

❻ 시각 신경

망막으로 들어온 시각 정보는 시각 신경이라는 '고속 도로'를 따라 곧장 뇌로 들어가요.
양쪽 눈에서 뻗어 나온 시각 신경은 서로 교차되어 반대쪽 뇌로 들어가지요.
다시 말해 왼쪽 눈에서 오른쪽 뇌로, 오른쪽 눈에서 왼쪽 뇌로 시각 정보가 들어가요.
사실 오른쪽 뇌는 왼쪽 몸을, 왼쪽 뇌는 오른쪽 몸을 담당하고 있어요.

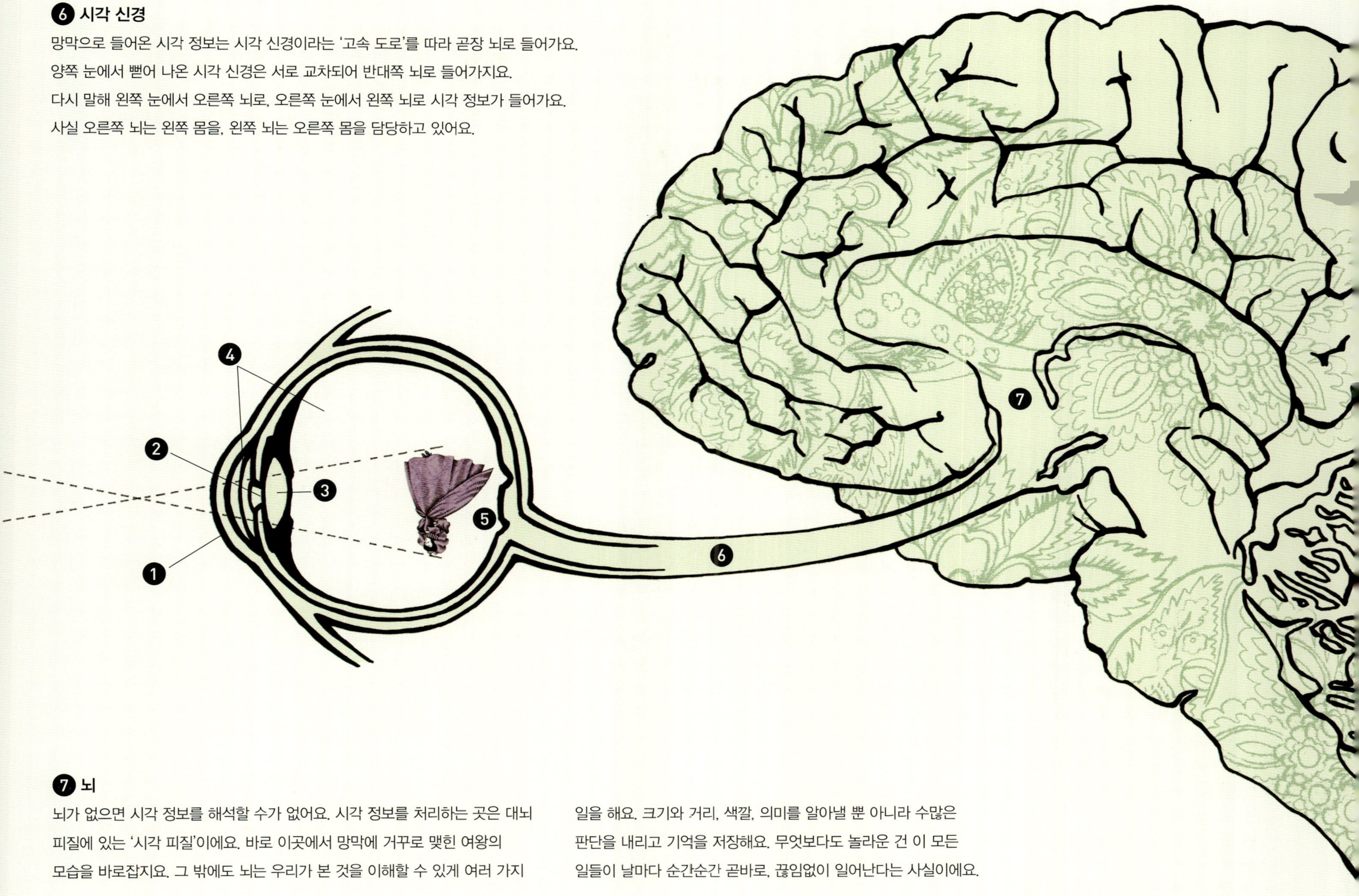

❼ 뇌

뇌가 없으면 시각 정보를 해석할 수가 없어요. 시각 정보를 처리하는 곳은 대뇌 피질에 있는 '시각 피질'이에요. 바로 이곳에서 망막에 거꾸로 맺힌 여왕의 모습을 바로잡지요. 그 밖에도 뇌는 우리가 본 것을 이해할 수 있게 여러 가지 일을 해요. 크기와 거리, 색깔, 의미를 알아낼 뿐 아니라 수많은 판단을 내리고 기억을 저장해요. 무엇보다도 놀라운 건 이 모든 일들이 날마다 순간순간 곧바로, 끊임없이 일어난다는 사실이에요.

이 책에 나오는 동물들

● **갯가재**

갯가재는 새우가 아니에요. 갯가재가 영어로 '사마귀 새우(mantis shrimp)'란 이름이 붙은 것은 사마귀와 새우를 합친 모습이기 때문이에요. 알고 보면 무시무시한 이 해양 갑각류는 몸길이가 약 30센티미터까지 자라고, 때로는 더 크게 자라요. 주로 열대나 아열대 바다의 산호초에 살고 있지요. 갯가재는 찌르거나 때리는 습성에 따라 두 종류로 나누어요. '찌르는' 갯가재는 낫 모양의 다리로 사냥감을 찌르거나 베어 내요. '때리는' 갯가재는 강력한 '주먹' 한 방으로 수족관 유리를 깨부술 수 있어요.

● **카멜레온**

카멜레온은 눈만큼이나 혀도 놀라워요. 혀가 몸길이(꼬리는 빼고)의 두 배까지 늘어나지요. 우리가 눈을 깜박이는 순간보다 세 배나 빨리, 약 15분의 1초 만에 혀를 쑥 내밀어요. 혀끝은 끈적끈적할 뿐 아니라 빨판처럼 달라붙고, 비늘 모양의 세포들이 있어서 곤충이 빠져나가지 못해요. 카멜레온은 온도와 빛의 밝기, 기분에 따라 색깔을 바꿔요. 이건 위장보다는 의사소통과 더 관련이 있지요. 하지만 흔히 카멜레온은 주변 환경과 닮은 색깔이라서 좀처럼 눈에 띄지 않아요.

● **상어**

상어는 4억 년 넘게 바다에서 살아왔어요. 상어의 뼈는 연골(우리 귀의 물렁뼈 같은)이지만, 턱은 '테세라(타일)'라는 작고 단단한 조각들이 맞물린 층이 있어서 아주 튼튼해요. 덕분에 센 힘으로 먹잇감을 덥석 물 수가 있지요. 바다표범이나 참다랑어 같이 큰 먹잇감을 사냥하는 상어는 먹이가 빠져나갈 수 없게 뾰족한 이빨이 줄줄이 박혀 있고, 먹이를 자르기 좋은 톱니 모양을 하고 있어요. 상어는 마치 고양이가 털갈이를 하듯 이빨이 빠지고 또 빠져요. 어떤 종은 평생 동안 3만 개나 되는 이빨을 갈아 치워요.

● **살무사**

살무사는 독이 있는 뱀으로, 온대와 열대 지역 곳곳에서 볼 수 있어요. 쥐 따위 설치류의 수가 불어나지 않게 해서 환경에 도움을 주지만, 새나 도마뱀, 다른 뱀까지 잡아먹어요. 대개 방울뱀 같은 살무사는 사람을 보면 겁을 먹고 피하려고 해요. 오직 위협을 느낄 때만 공격하지요. 살무사의 독은 침과 같은 소화액이에요. 독액 성분은 뱀의 먹잇감을 죽이거나 마비시키지만, 고혈압과 뇌졸중, 몇몇 암 등 사람의 질병 치료에 효과가 있다는 사실이 밝혀졌어요.

  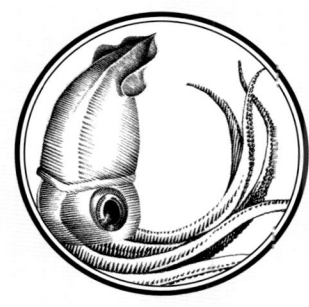  

● 염소

염소는 종이 상자든 깡통이든 닥치는 대로 먹어 치울 거라고 생각하는 사람들이 많아요. 하지만 알고 보면 식성이 까다로운 편이에요. 쫄쫄 굶은 상태가 아니면 상한 먹이는 입에 대지도 않아요. 염소는 호기심이 많고 온갖 식물을 잘 먹어요. 혹시 염소가 종이 상자를 씹거나 깡통을 '맛'본다면, 종이 상자나 깡통을 먹고 싶은 게 아니라 그 속에 먹을 만한 게 있기 때문일 거예요. 염소는 개 다음으로 '사람과 친한 동물'로 꼽히지만, 독립성이 무척 강해서 기회만 주어지면 쉽사리 야생으로 돌아갈 거예요.

● 잠자리

3억 년 전, 잠자리는 지금의 갈매기만 한 크기로 하늘을 주름잡았어요. 오늘날에는 그때보다 훨씬 작은 잠자리가 전 세계에 약 6000종이 있어요. 모두가 뛰어난 비행사이며, 공중에서 쉬는 것 빼고 모든 걸 할 수 있어요. 잠자리는 튼튼하고 유연한 날개 두 쌍을 따로따로 움직일 수 있어요. 정지 비행과 활공을 할 뿐 아니라 여섯 방향(위아래, 앞뒤, 양옆)으로 이동할 수 있어요. 잠자리는 다른 곤충을 잡아먹고 사는 전문 사냥꾼이에요. 특히 모기를 좋아해서 하루에 100마리까지 먹어 치워요.

● 남극하트지느러미오징어

남극하트지느러미오징어에 대해 알려진 사실은 별로 없어요. 이 거대한 오징어가 남극해의 수심 2킬로미터에 이르는 심해에서 어떻게 살고 있는지 아무도 본 적이 없어요. 다만 표본을 보고 몇 가지 정보를 얻어 냈지요. 남극하트지느러미오징어는 무척추동물(등뼈가 없는 동물)로는 가장 큰 동물로 꼽혀요. 몸길이가 최대 14미터로, 4층짜리 건물 높이와 맞먹지요. 남극하트지느러미오징어는 앵무새의 부리가 거꾸로 달린 것처럼 생긴 입으로 먹이를 잘게 썰어요. 이렇게 꼭꼭 씹어서 목구멍으로 넘겨야 해요. 식도가 위에 이르기 전에 도넛 모양의 뇌 한가운데를 지나기 때문이에요.

● 비둘기

비둘기는 우리가 생각하는 것보다 훨씬 더 똑똑해요. 비둘기는 지구의 자기장을 감지해서 방향을 알 수 있어요. 후각이 아주 발달한 데다 곳곳의 냄새를 기억할 수도 있어요. 몇 백 장의 사진을 몇 년 동안 잊지 않고 떠올릴 수 있어요. 게다가 눈에 띄는 건물이나 도로를 기억해서 길을 따라 이동할 수도 있지요. 과학자들은 비둘기가 피카소와 모네의 그림을 구별하는 법을 배울 수 있다는 사실도 밝혀냈어요.

● 성게

성게는 세계 곳곳의 바다 밑바닥에 살고 있어요. 주로 울퉁불퉁한 바위나 산호초 사이에서 많이 볼 수 있지요. 성게는 줄줄이 난 관족으로 물을 빨아들이고 뿜어내면서 이리저리 움직여요. 또 잡식성이라 이것저것 가리지 않고 먹어 치우는가 하면, 온갖 생물의 먹잇감이 되기도 해요. 성게는 공격적이진 않지만, 흔히 두 가지 방어 수단이 있어요. 하나는, 독가시로 찌르거나 가시와 가시 사이에 있는 집게발 같은 돌기로 독을 쏘아요. 또 하나는, 관족을 써서 조개껍데기나 해조류 따위로 몸을 가린 채 바위틈에 숨는 거예요.

용어 풀이

✻ **겹눈:** 겹눈은 수백에서 수만 개의 낱눈으로 이루어져 있어요. 낱눈은 작은 대롱 모양의 눈이에요. 낱눈마다 한쪽 끝에 각막으로 된 작은 수정체가 있고, 다른 쪽에 광수용체가 있어요. 이 작은 낱눈 하나하나가 모두 합쳐져서, 곤충은 아주 넓게 볼 수 있어요. 모기 따위의 먹잇감이나 포식자의 미세한 움직임도 놓치지 않아요. 파리채를 든 사람도 단박에 알아챌 수 있지요.

✻ **관족:** 성게와 불가사리 같은 생물은 관족이라는 대롱처럼 생긴 발을 놀려 이동해요. 관족이 작은 빨판처럼 바닥에 붙었다가 떨어지면서 이리저리 움직일 수 있어요.

✻ **광수용체:** 광수용체는 눈 안에 있는 특수한 세포예요. 빛 에너지를 전기·화학 에너지로 바꾸어 신경계와 뇌가 사물을 분별하고 판단하여 알게 해 주지요.

✻ **깊이 지각:** 세상을 삼차원(3D), 다시 말해 가로, 세로, 높이가 있는 입체적인 공간으로 보는 능력을 깊이 지각이라고 해요.

✻ **색깔:** 색깔은 빛의 파장에 따라 달라져요. 우리가 어떤 색깔을 보는 것은 그 파장의 빛이 반사되기 때문이에요. 다른 빛들은 물체가 흡수해서 우리 눈에 보이지 않아요. 예를 들어, 레몬이 노란색으로 보이는 까닭은 레몬 껍질이 노란색만 반사하기 때문이에요.

✻ **연체동물:** 연체동물은 뼈가 없고 몸이 부드러운 동물이에요. 바다, 강, 호수에 많이 살고 있어요. 달팽이나 민달팽이는 땅에 사는 연체동물이에요. 하지만 남극하트지느러미오징어나 문어 같은 바다 생물과 친척이에요.

✻ **자외선:** 자외선은 사람의 눈에는 보이지 않아요. 하지만 새나 곤충 같은 여러 동물들은 자외선을 감지하는 광수용체가 있어요.

✻ **적외선:** 적외선도 사람의 눈에는 보이지 않는 빛이에요. 하지만 살무사 같은 일부 동물들은 특수한 열 감지기로 적외선을 볼 수 있어요. 따뜻한 동물의 몸이나 열기가 있는 물체에서는 적외선이 나오기 때문에, 살무사는 캄캄한 굴속에 숨어 있는 쥐나 토끼를 손쉽게 사냥할 수 있어요.

✻ **절지동물:** 절지동물은 겉껍질이 딱딱하고, 다리와 몸에 마디가 있는 동물이에요. 등뼈가 없는 무척추동물이지요. 잠자리와 거미, 새우도 수많은 절지동물 가운데 하나예요.

✻ **편광:** 편광은 사람의 눈에는 잘 감지되지 않고, 대개는 눈부신 빛으로 보여요. 보통 빛은 모든 방향으로 진동하면서 나아가요. 그런데 물고기 비늘이나 유리창처럼 반짝이는 표면에 반사된 빛은 한 방향으로만 진동해요. 이 빛을 편광이라고 해요.

✻ **포식자:** 포식자는 다른 동물을 잡아먹는 동물이에요.

✻ **피식자:** 피식자는 다른 동물한테 잡아먹히는 동물이에요.

여왕의 그림자

초판 1쇄 발행 2017년 12월 22일
초판 2쇄 발행 2024년 12월 23일

글·그림 시벨레 영 / **옮김** 김은령

발행처 와이즈만 BOOKs
발행인 염만숙
출판사업본부장 김현정
편집 양다운 이지웅 **디자인** 디자인 도트
마케팅 강윤현 백미영 장하라
출판등록 1998년 7월 23일 제 1998-000170
제조국 대한민국
사용 연령 6세 이상
주소 서울특별시 서초구 남부순환로 2219 나노빌딩 5층
전화 마케팅 02-2033-8987 편집 02-2033-8928 **팩스** 02-3474-1411
전자우편 books@askwhy.co.kr **홈페이지** mindalive.co.kr

○ 잘못된 책은 구입처에서 바꿔드립니다.

○ 와이즈만 BOOKs는 ㈜창의와탐구의 출판 브랜드입니다.